AF473239

F°Z
LE SENNE
753

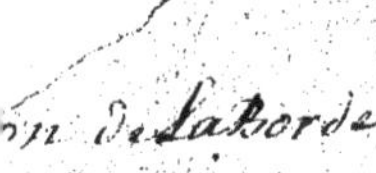

PROJETS

POUR

L'AMÉLIORATION ET L'EMBELLISSEMENT

DU 10e ARRONDISSEMENT,

PAR

LÉON DE LABORDE,

MEMBRE DE LA CHAMBRE DES DÉPUTÉS.

QUARTIER

DE

LA MONNAIE.

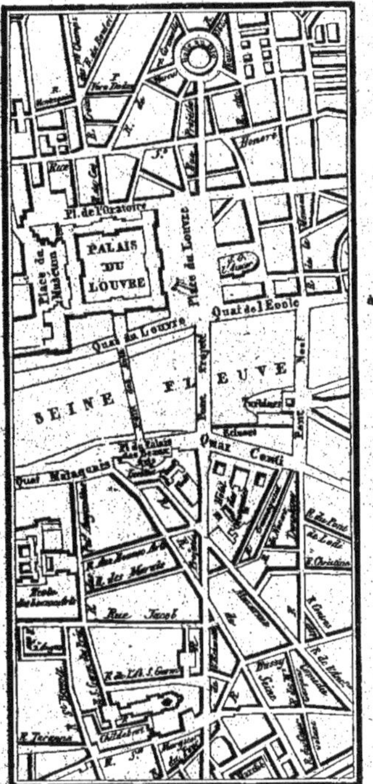

PROJET

pour le percement
d'une rue
qui commence
à la place Saint-Sulpice,
passe
entre l'Institut
et
la Monnaie,
et, au moyen
d'un nouveau pont,
s'étend jusqu'à
la Halle au Blé.

PARIS.

JULES RENOUARD ET Cie, LIBRAIRES, RUE DE TOURNON, 6.

1842.

PROJETS

POUR

L'AMÉLIORATION ET L'EMBELLISSEMENT

DU 10e ARRONDISSEMENT,

PAR

LÉON DE LABORDE,

MEMBRE DE LA CHAMBRE DES DÉPUTÉS.

QUARTIER

DE

LA MONNAIE.

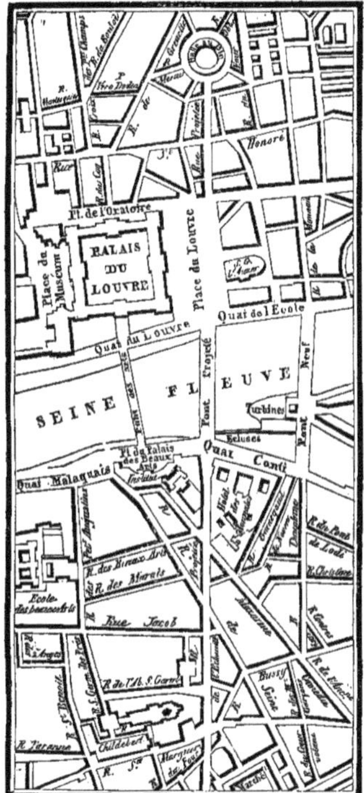

PROJET

pour le percement
d'une rue
qui commence
à la place Saint-Sulpice,
passe
entre l'Institut
et
la Monnaie,
et, au moyen
d'un nouveau pont,
s'étend jusqu'à
la Halle au Blé.

PARIS.

JULES RENOUARD ET Cie, LIBRAIRES, RUE DE TOURNON, 6.

1842.

PARIS. — IMPRIMERIE LE NORMANT, RUE DE SEINE, 8.

A MESSIEURS LES HABITANS

DU QUARTIER DE LA MONNAIE,

10e ARRONDISSEMENT.

MESSIEURS,

Il n'est personne d'entre vous qui n'ait été frappé de l'état d'abandon où l'administration laisse notre quartier, tandis qu'autour de nous, partout sous nos yeux, la ville s'embellit et s'enrichit de toutes ces ingénieuses inventions qu'on rêvait bien autrefois, mais qu'on applique et dont on jouit aujourd'hui.

Avons-nous donc commis quelque grande faute qui mérite cet état d'ilotisme? ne sommes-nous pas dignes de participer, comme les autres quartiers, à ces améliorations auxquelles nous contribuons comme eux? n'avons-nous pas, comme tous les autres, le représentant de nos intérêts, de nos besoins, au conseil municipal? Comment se fait-il donc que le quartier où la circulation est la plus active, soit encombré, infect, délaissé; que la population la plus instruite, la plus artiste, la plus communicative, n'ait ni ressources, ni embellissemens, ni voies de communication; qu'enfin le quartier qui réunit dans sa circonscription l'École des Beaux-Arts, le Palais des cinq Académies et l'Hôtel de la Monnaie, c'est-à-dire les arts, la science et l'argent, n'ait rien qui rappelle tous ces divers élémens de richesses?

J'ai cherché depuis longtemps les causes de cet abandon, j'ai écarté toutes les suppositions qu'on ne peut plus admettre aujourd'hui : ainsi l'esprit de droiture de M. le Préfet de la Seine ne laisse pas supposer d'injustes préventions; la représentation municipale nous garantit l'étude et la connaissance de nos besoins; la discussion publique du conseil général et les réclamations de la presse n'admettent pas de préférences qui seraient pour nous un déni de justice. Il faut donc chercher ailleurs cette raison, et elle ne peut être que dans la difficulté du problème que le conseil municipal a eu à résoudre pour donner à nos rues des débouchés, à notre quai une libre circulation, à tout notre quartier enfin de la vie.

Après une étude attentive des transformations successives de la partie de la ville que nous habitons, pénétré de la justice de vos réclamations aussi bien que de la réserve et des ménagemens imposés par certaines considérations, j'ai conçu un projet d'amélioration et d'embellissement qui me semble, en ménageant, en satisfaisant tous les intérêts, résoudre les difficultés du problème, et n'avoir plus besoin, pour être mis à exécution, que du bon vouloir de l'administration et du conseil municipal. C'est pour m'assurer ce bon vouloir que je sollicite votre concours : si j'ai compris vos besoins, si j'ai bien exprimé vos plaintes, si le projet que je vous soumets vous semble une réparation suffisante d'une trop longue négligence, je vous demande votre adhésion.

PROJET D'UNE EXÉCUTION IMMÉDIATE.

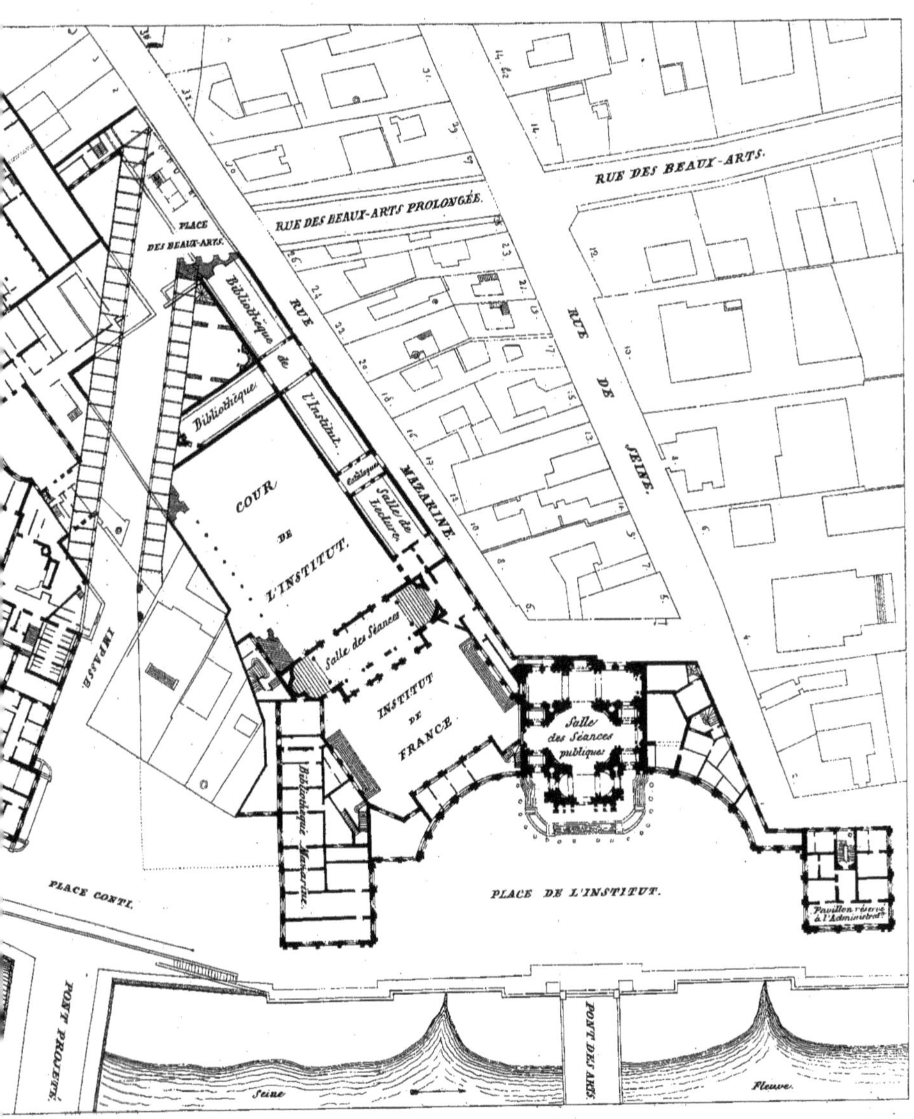

par Léon de Laborde.

ECHELLE DE 100 MÈTRES.

10 0 10 20 30 40 50 60 70 80 90 100

La ville de Paris ne s'est pas faite en un jour, autrement elle se serait mieux développée; la ville de Paris est mal faite, et malheureusement nous supportons la peine des soins inhabiles donnés à son enfance; nous sommes la bosse de ce grand corps déjeté.

Voisins de ses premiers mouvemens, nous souffrons de ses premières fautes, et il faut qu'elles soient bien graves, bien invétérées, qu'on les suppose bien irrémédiables, pour qu'on nous laisse ainsi souffrir, et que la ville entière souffre avec nous.

Paris s'était à peine dégagé des langes qui le retenaient emmaillotté dans l'île qui fut son berceau, qu'il s'étendit sur la rive gauche de la Seine. A ces époques difficiles, la partie montagneuse du terrain était la sauvegarde des habitans; la liberté était encore sur les hauteurs, et n'osait s'aventurer dans la plaine. — La civilisation aidant, l'accroissement de la population poussant au dehors, on sortit timidement, puis on s'avança avec plus de confiance, plantant chaque jour plus loin les jallons de la grande ville future; enfin ce fut, sur les deux rives du fleuve, un éparpillement général de palais bastionnés, d'abbayes fortifiées, et, entre eux, de maisons qui se donnèrent la main, transformant en rues les sentiers de la campagne.

De ces ébats sans frein, de ces élans sans direction, résulte une ville si singulièrement distribuée, que d'un côté tout se porte à la rivière, de l'autre tout s'étend dans la plaine. Philippe-Auguste voulut mettre un terme à ce dévergondage; il enferma la ville et fit monter en graine cette séve qui courait sur le sol. Ce qui fut pour Paris une cause d'amélioration, devint pour nous une mesure fâcheuse; l'enceinte qui descendait par le carrefour de Bussy, le long de la petite Seine, à la rivière, coupa notre quartier en deux, fit dévier les rues, empêcha les constructions, et, longtemps après que la population de la capitale avait partout ailleurs rompu cette digue, débordé sur cet obstacle[1], nous étions encore emprisonnés par elle.

L'hôtel de Nesle et son vaste Séjour s'appuyaient sur cette enceinte, et entravèrent pendant cinq cents ans toutes les améliorations dont ce quartier, le

[1] En 1600, la rue Dauphine avait rompu l'enceinte. Jusque-là on sortait de la ville seulement par la porte de Nesle et par son petit pont jeté sur le fossé qui est devenu plus tard la rue des Fossés ou Mazarine, par la porte de Bussy et la porte Saint-Germain.

plus heureusement situé, était susceptible. Échus à la couronne au commencement du quatorzième siècle [1], ces terrains restèrent dans un état assez voisin de l'abandon jusqu'en 1550. Vers cette époque, la partie la plus voisine du Pont-Neuf fut acquise et employée pour la construction du vaste hôtel de Nevers et le développement de ses magnifiques jardins. Cette belle habitation s'étendait d'un côté sur ce qui restait du domaine de Nesle, et de l'autre sur la Seine, qui n'avait pas encore de quai [2]. Les jardins allaient jusqu'à la rue Dauphine.

Ce n'était donc qu'un changement de nom, que de nouveaux bâtimens; la Seine y gagnait une décoration, le quartier n'y avait nul avantage.

Plus tard M. Guénégaud acquit cet hôtel, et le fit restaurer à grands frais par Mansard, sans songer à créer pour lui ou pour ses voisins des débouchés dont on ne sentait pas alors le besoin.

C'est du milieu de cette stagnation que notre quartier sortit subitement de terre, et, tout armé comme Minerve, vint au monde cuirassé de monumens, bardé de quais et de ponts. A la fin de sa longue carrière si remplie, si souvent traversée, le cardinal Mazarin avait senti peser sur sa mémoire et peut-être sur sa conscience les cent et quelques millions qu'il avait économisés au service de la France; il chercha le moyen de se les faire pardonner, et, outre les legs particuliers qu'il destina à ses anciens complaisans des luttes de la Fronde, il conçut le plan et la fondation magnifique d'un collége dans lequel soixante et quinze jeunes gentilshommes des quatre provinces nouvellement conquises [3] viendraient recevoir une éducation toute française, pour en reporter ensuite dans leur famille tout l'esprit avec la reconnaissance.

L'idée était grande, et la fondation, qui s'élevait à près de trois millions [4], sans compter la riche bibliothèque dont il était fait don au collége, fut acceptée et autorisée pas le roi.

Le cardinal mourut le 18 mars 1661, peu de jours après avoir signé cet acte [5]. Les exécuteurs testamentaires crurent qu'ils ne pouvaient mieux remplir ses volontés qu'en se montrant courtisans, qu'en sacrifiant aux volontés du roi, aux caprices du jour, les intérêts futurs de la fondation; aussi,

[1] Vendue par Amaury de Nesle à Philippe le Bel en 1308.

[2] Nous avons plusieurs vues de cet hôtel, et deux grandes gravures du temps intitulées : *Le grand et magnifique Bastiment de l'Hôtel de Nevers dans la ville de Paris*.

[3] Ces provinces étaient : Piguerol, Alsace, Artois et Roussillon. Le cardinal dit dans sa donation que, par attachement pour son pays, il y ajoute l'État ecclésiastique. Ce collége eut plusieurs noms : la première intention de Mazarin était de l'appeler *le Collége des Conquêtes*, puis *le Collége des Nations*, mais il demanda en dernier lieu au roi qu'il fût nommé le *Collége Mazarini*.

[4] L'acte de fondation dit 2 millions plus 50,000 livres de rentes sur l'Hôtel de Ville, plus un bénéfice, plus enfin la bibliothèque. *Voir*, dans Félibien, le testament, les lettres patentes, etc., tom. II, part. II, pag. 195 et suivantes.

[5] Guillaume de Lamoignon, N. Fouquet, M. Le Tellier, Zongo Ondedei, J. B. Colbert. Tellier avait la direction.

au lieu de faire l'acquisition du palais d'Orléans, dit le Luxembourg, qui présentait toutes les conditions exigées pour l'établissement d'un vaste collége, ils cherchèrent ce qu'ils pouvaient prendre des terrains qui avaient appartenu bien anciennement à l'hôtel de Nesle[1], entre l'hôtel de Nevers, les rues des Fossés (aujourd'hui Mazarine)[2], de Seine et la rivière. C'était bien le lambeau de terrain le plus déchiqueté, le plus gauchement allongé, le plus incommode[3]; mais ils n'avaient qu'un but, celui de plaire au roi[4], et ils chargèrent Leveau, l'architecte le plus célèbre du temps, l'architecte du Louvre, de tirer parti de cette fausse disposition, lui laissant d'ailleurs pleine liberté pour établir ce bâtiment en harmonie de perspective, en rapport d'axe et de point de vue avec le Louvre qui s'élevait également sur ses plans[5]. Leveau ne se fit pas prier, tout céda devant cette condition qui lui était aussi chère qu'au roi, auquel on en faisait le sacrifice. Ainsi s'expliquent ce tour de force de l'architecture, la disposition du plan qui s'évase et s'allonge d'une manière tellement irrégulière et disproportionnée, et enfin cette façade, espèce de décoration sans emploi, grand placage qui se dresse sans profondeur, et offusque brutalement deux rues actives qui s'ouvraient sur la Seine.

Si cet embellissement de notre quartier mit un terme à tout embellissement futur, à toute amélioration devenue utile, urgente, Leveau est excusable. Le premier architecte du roi, quoiqu'il fût homme de talent, n'était pas prophète, et il ne prévoyait pas que la ville de Paris, qui naguère avait regardé passer quelques haquenées sur le pavé de Philippe-Auguste; que la ville du Grand-Roi, qui comptait alors tout au plus deux ou trois mille voitures sur son pavé si bien renouvelé, en aurait un jour cinquante-quatre mille. Il n'avait songé ni à cet accroissement ni à l'activité qui devait un jour rapprocher et unir les

[1] Callot nous a conservé l'aspect de cette tour, de son petit pont, de sa grande porte, tel qu'il se montrait encore de son temps. Le pavillon oriental de l'Institut couvre l'emplacement de la tour; la cage de l'escalier de la bibliothèque Mazarine a été construite sur la grande porte.

[2] La rue des Fossés conservait encore son nom sur le grand plan de Paris fait en 1676 par Builet, selon les ordres du prévôt des marchands. Sur les plans qui lui sont postérieurs (de Fer, *Plan de Paris de* 1697), comme dans les actes, on trouve rue des Fossés ou Mazarine, puis seulement rue Mazarine.

[3] On acheta un pâté de maisons qui était séparé par une ruelle du massif actuel qui sépare la rue Mazarine de la rue de Seine, et c'est sur cet emplacement que fut élevée la chapelle, puis on abattit plusieurs autres maisons, pour laisser à la rue un débouché, bien étranglé il est vrai, sur la Seine. Dix-huit maisons en tout (selon d'autres quatorze) suffirent à Leveau pour la décoration; les travaux commencèrent en 1665, et ne furent terminés qu'après vingt années.

[4] Il est de fait que les dispositions mêmes de l'acte de fondation soumettaient le plan et la construction au bon plaisir du roi. *L'établissement dudit collége auquel la bibliothèque est jointe, et de l'Académie, sera fait sous le bon plaisir du roy en la ville, Cité ou Université, ou aux fauxbourgs de Paris, en mesmes et divers lieux, le tout selon que les exécuteurs de la présente fondation le trouveront plus à propos.*

[5] Leveau construisait à cette époque la façade du quai qui s'élevait sur les jardins de l'Infante.

deux rives de la Seine : aussi, en élevant son édifice[1] sur le passage de tout un quartier, en transformant en impasses des rues actives, des débouchés nécessaires[2], il ne se préoccupait que d'une chose, il ne travaillait que dans un but, donner à Louis XIV, assis dans son Louvre, le plus beau spectacle, à la Seine la plus belle décoration ; en un mot, il regarda devant lui, sans réfléchir qu'il avait quelque chose derrière. Or c'est nous qui sommes derrière, et qui, depuis bientôt deux siècles, souffrons de cette flatterie d'un courtisan.

Se plaignit-on alors? y eut-il des réclamations, des pétitions, des cris, des émeutes? Le temps n'était pas à cela : on souffrit en silence. D'ailleurs la grande affaire, l'affaire du jour, c'était la construction du Louvre; tout cédait devant cet intérêt : le roi ne pensait qu'à cette œuvre, Colbert en perdait le repos, la diplomatie s'en occupait, l'Église accordait des dispenses, et enfin le sort de la France, au moins celui de ses finances, y était intéressé. Que pouvaient, au milieu de ces préoccupations, les humbles réclamations de notre quartier? on ne les aurait pas écoutées : on n'en fit pas.

Mais ce n'est pas là tout notre malheur. Le collége Mazarin était construit[4], les gentilshommes des Quatre-Nations y suivaient leurs cours ; les bâtimens destinés à la location étaient affermés; l'église était agréable au quartier; et le public, au moyen de quelques issues et de deux petits passages, supportait cette entrave. Et cependant on sentait qu'il y avait dans cette partie de la ville un vice et un obstacle[5] : de nombreux projets furent faits pour dégager notre quartier, soit en donnant des issues aux carrefours de Bussy[6], de la Croix-Rouge, de l'Odéon[7], soit en ouvrant des rues sur la Seine[8].

[1] Louis Leveau mourut en 1670; c'est François Dorbay (✝ 1697), son élève, dont il est fait plusieurs fois mention dans les *Mémoires* de Perrault, qui continua la construction, en altérant sensiblement les plans de son prédécesseur et maître.

[2] A cette époque le Pont-Neuf venait d'être ouvert à la circulation (en 1604). Il n'y avait pas en aval un seul pont construit solidement, et l'on en sentait si peu la nécessité, que si la rivière n'avait pas emporté, en 1684, le pont de bois qui donnait passage en face des Tuileries et de la rue de Beaune, on n'aurait pas songé à construire le Pont-Royal en face de la rue du Bac. Ce pont de bois était appelé *pont Barbier*, du nom de celui qui le fit construire, et *pont Rouge*, parce qu'il était peint de cette couleur.

[3] L'abbaye de Saint-Germain-des-Prés réclama et entrava les travaux pendant près de quatre ans, mais dans un intérêt financier tout personnel et sans aucune sollicitude pour les besoins du quartier.

[4] Je ne parle pas de l'hôtel de Sillery qui s'éleva entre le collége des Quatre-Nations et l'hôtel de Nevers, alors hôtel Conti ; je le trouve déjà porté sur des plans de 1699, avec la petite impasse Conti, réservée telle que nous la trouvons encore aujourd'hui.

[5] En 1750, Blondel écrivait : « Les deux pavillons nuisent extrêmement à la largeur du quai. »

[6] On a des projets par les architectes suivans : Loriot, Rousset, Godeau, Hupeau, architecte du roi, Servandoni, l'auteur de la façade de Saint-Sulpice, Cuillier, Patte, etc.

[7] Les architectes Polard, Franque, etc.

[8] M. de l'Estrade a fait un projet.

Lorsque M. le prince de Conti, en 1750[1], vendit ses deux hôtels, qu'avait embellis Mansard[2], à la ville, qui voulait élever son hôtel sur cet emplacement, notre quartier put un moment espérer qu'à l'occasion de cette construction, d'un intérêt tout municipal, on aurait égard à nos besoins; qu'une issue nous serait donnée sur la rivière, et un passage, au moyen d'un pont, sur l'autre rive. Malheureusement l'activité ne s'était pas encore développée à ce point que le besoin d'issue se fît violemment sentir; et quand la ville eut renoncé à se construire un hôtel, on éleva les bâtimens de la Monnaie sur les terrains Conti[3], en vue des quais, du Pont-Neuf, du Louvre, mais sans plus se soucier des intérêts de notre quartier que s'il n'eût jamais existé.

Un siècle presque entier a passé sur ces constructions. Que Paris a changé

[1] En 1748, après la paix d'Aix-la-Chapelle, Louis XV put jouir d'un de ces momens de grande popularité qu'il fit payer cher à son successeur. Le 27 juin, le prévôt des marchands et les échevins vinrent solliciter la permission de lui élever une statue équestre dans le quartier et à la place qu'il désignerait. Le roi accepta, et consentit, sur l'avis de M. Turnehem, son directeur des bâtimens, à faire appeler les artistes à un concours. Tous s'y rendirent, et plus de cinquante projets passèrent sous les yeux du monarque. Notre quartier pouvait revivre dans quelques-uns d'entre eux, d'abord parce qu'il était dans l'esprit du moment de faire de grandes choses architecturales, ensuite parce que la reconstruction de l'Hôtel de Ville s'associant au projet de la statue, c'était plus qu'un projet de monument, c'était l'amélioration des différens quartiers de la ville qu'on étudiait. Patte a réuni sur un plan de Paris les principaux projets, et sans parler de ceux qui devaient transformer magnifiquement les carrefours Bussy et de la Croix Rouge, je m'arrêterai à celui de M. de l'Estrade qui proposait d'ériger la statue sur une vaste place qu'il ouvrait sur les rues du Colombier et de Seine; d'élever l'Hôtel de Ville sur les terrains de l'hôtel de Conti, alors à vendre, avec la façade sur le quai. Il ménageait des deux côtés de son bâtiment deux rues qui débouchaient sur le quai Conti, et donnaient la vie à notre quartier.

Malheureusement tous ces projets furent abandonnés. Louis XV, effrayé des démolitions qu'on lui proposait à propos d'une construction, donna à la ville la place qui porta depuis son nom. Un nouveau concours fut ouvert pour l'arrangement de cette place; vingt-cinq artistes y prirent part, et on compte parmi eux quinze académiciens que je citerai : Aubry, de l'Assurance, P. Blondel, Le Bon, Boffrand, Beausire, Chevautet, Contant, l'Ecuyer, Godeau, Gabriel, Hazon, Loriot, de Luzy, Soufflot. Après beaucoup d'hésitation, le roi chargea Gabriel de prendre, dans tous ces projets, ce qu'il y avait de mieux, et d'exécuter. C'est l'histoire de toutes ces déceptions qu'on appelle des concours.

[2] La ville de Paris avait été autorisée à faire cette acquisition moyennant la somme de 160,000 fr., par un arrêt du Conseil en date du 22 août 1750.

[3] La démolition des hôtels Nevers et Conti a entraîné la perte de deux plafonds peints par Jouvenet. L'hôtel des Monnaies devait s'élever sur la place Louis XV; 150,000 fr. furent même dépensés dans les fondations, mais on renonça à ce projet, et l'architecte J. D. Antoine fut chargé de construire l'édifice du quai Conti, dont l'abbé Terray, ordonnateur général des bâtimens, posa la première pierre le 30 mai 1771. Il existe une grande gravure de la Monnaie, dédiée à ce fonctionnaire (Vivarès, 1779). L'architecte s'acquitta bien de sa tâche, bien s'entend comme on s'en acquittait alors, négligeant dans le caractère extérieur, comme dans les dispositions intérieures, le but essentiel, la destination spéciale, bâtissant pour bâtir, mais bâtissant avec noblesse et même au milieu de réminiscences évidentes, avec une certaine indépendance.

dans ces cent années! J'en appelle aux plus anciens souvenirs, est-ce la même ville, la même population, la même vie? N'est-ce pas un autre monde, aujourd'hui que cinquante-quatre mille voitures sillonnent la ville; que les omnibus entravent les rues; que les cabriolets se croisent; que les corbillards eux-mêmes vont au trot, et, pour ne pas faire attendre les morts, menacent d'écraser les vivans? Nos rues, comme des canaux trop pleins, débordent de voitures, regorgent de passans; on se presse sur nos quais, on se foule sur le Pont-Neuf, on se heurte au guichet du Louvre : et faut-il, en face d'un besoin aussi bien senti, qu'un quartier tout entier étouffe sous deux monumens, quand une légère saignée peut, au moyen d'une rue et d'un pont, lui donner l'air, la vie?

Déjà au commencement de notre siècle, après la tourmente révolutionnaire, quand on eut assez de sécurité pour circuler, assez de repos d'esprit pour améliorer le matériel de la vie, on songea à l'embellissement du quartier de la Monnaie; mais ici encore notre mauvaise fortune nous poursuivit.

L'homme qui pouvait tout alors, et qui embellissait Paris entre deux campagnes, pour se faire illusion et étourdir les habitans sur les maux de la guerre, Napoléon pensa un instant à renouveler l'aspect et la vie de cette partie de la ville. Ayant décidé que l'Institut occuperait les anciens bâtimens du collége des Quatre-Nations, transformés en prison pendant la révolution[1], il vint un jour les visiter. On dit qu'en arrivant par la rue de Seine, il s'écria : « Il faut abattre ces pavillons, et donner du jour à cette rue! » mais que M. Fontaine, l'ayant conduit sur le quai, lui fit adopter facilement l'idée de conservation d'un édifice dans son ensemble[2]. Sans doute quelque grand projet du dehors détourna son attention. La rue dont nous demandons aujourd'hui le percement n'entra pas dans ses combinaisons[3]; et, pour toute amélioration, comme fiche de consolation, on ouvrit deux arcades, on nous donna

[1] Devenus prison après avoir cessé d'être collége, les bâtimens de cette belle fondation furent successivement affectés à l'école centrale; puis, par décret du 11 octobre 1801, à l'école des Beaux-Arts; enfin, par un autre décret du 1er mars 1805, à l'Institut.

[2] M. Lebas, dans son Mémoire, rapporte cette anecdote d'une manière différente; il permettra que je cite le passage suivant : L'idée de détruire ou de mutiler les pavillons de l'Institut n'est pas nouvelle, et au commencement de ce siècle une rude attaque leur fut portée : elle excita les réclamations les plus vives; le chef du gouvernement d'alors en fut instruit. Il résolut de juger le procès par lui-même. Un jour on vit un homme à cheval s'avancer sur le pont des Arts, jusqu'à une certaine distance. Ce spectacle nouveau, sur un pont qui n'admet que des piétons, attira l'attention publique. Quel était ce cavalier? C'était l'empereur. Il s'arrêta, se fixa au point du centre, tourna deux fois la tête à droite et à gauche et dit : « *Que tout « reste comme il est.* » A l'objection de la voie publique un peu resserrée vis-à-vis les pavillons, il répondit : « *On peut à cet endroit reporter le trottoir sur une demi-voussure en arrière.* » Et le monument fut sauvé.

[3] Cette idée si simple, qui consiste à isoler deux monumens pour donner du jour à notre quartier au moyen d'une rue et d'un pont, me semble être neuve; au moins je me suis assuré qu'elle n'a été présentée par personne, et que, dans tous les projets d'alignement de la ville de Paris, elle n'est entrée dans aucune des combinaisons qui ont été proposées.

un pont. Quelle dérision ! au lieu d'un pont entre deux rues, nous n'eûmes qu'une passerelle entre deux façades [1].

Depuis ce temps, la circulation s'activant, les dangers des piétons s'augmentant avec le nombre des voitures, l'administration, dans l'étude de la grande question du déplacement de la population [2], se préoccupa de la position de notre quartier ; seulement elle voulut porter le remède où était la plaie, tandis qu'il faut faire dévier le mal ; elle ne vit pas qu'au lieu d'abattre un monument, il y avait quelque chose de plus simple à faire, ouvrir une rue.

Cette préoccupation fut d'autant plus fâcheuse, qu'elle nous a coûté une grande perte de temps : la bataille s'engagea sur le terrain des pavillons, et il nous était défavorable. On eut beau mettre en avant les arrêtés ministériels de 1810 [3], les délibérations du conseil municipal [4] et les cris des gens écrasés, on eut contre soi toute l'Académie des Beaux-Arts, logée dans le pavillon occidental [5], toute l'administration de la Mazarine, qui, du pavillon oriental, croisait un feu d'autant plus nourri, qu'à des argumens puisés dans la question d'art, elle joignait des objections prises dans le respect dû à une fondation et dans les habitudes des gens studieux. La presse prit parti contre nous, en criant au vandalisme [6], et elle prouva que la population était trop heureuse de se faire écraser au pied du chef-d'œuvre *du grand et célèbre architecte* Dorbray [7]. On eût dit qu'il s'agissait du Parthénon et de Phidias. Quel-

[1] Ce pont a été construit de 1802 à 1804 par MM. Decessart et Dillon. C'est une mesquine construction qui timidement affecte de la hardiesse, qu'une voiture écraserait et que les glaces emporteront quelque jour. L'établissement de ce pont nous a valu la démolition du quai qui servait de soubassement au collége des Quatre-Nations ; construit de manière à accentuer les trois dispositions principales de l'édifice, il présentait, vu de la rive opposée, une face sculptée en large bossage, entremêlée des armes et emblèmes du cardinal, et qui faisait ressortir tout l'édifice que le pont aujourd'hui cache et enfouit. On en peut juger par les nombreuses gravures antérieures à 1802.

[2] Une commission nombreuse a été nommée ; elle a constaté le mal que personne n'ignorait, elle nous a dit : *Votre fille est muette ;* mais de remède, point. Après avoir obtenu ce résultat, elle s'est séparée ; et, depuis plus d'un an, elle ne s'est pas réunie de nouveau. Constatons cependant que ses discussions ont fourni la matière d'un beau rapport de M. Pérignon, de trois projets par MM. Languepin, Gatteaux et Grillon, et, en dehors de la commission, de plusieurs publications de M. Rabusson.

[3] Arrêté de M. de Montalivet, 13 février 1810.

[4] Il y en a deux.

[5] M. Lebas est l'auteur d'un Mémoire fort remarquable qui est resté inédit, et dont j'ai eu communication en corrigeant les épreuves de celui-ci. Ce Mémoire, daté du 25 juin 1840, est intitulé : *Quelques Notes historiques sur le ci-devant collége des Quatre-Nations et la bibliothèque Mazarine, aujourd'hui palais de l'Institut, suivies d'observations sur le projet de rélargissement de la voie publique au droit des pavillons en avant-corps sur le quai, et sur les moyens de l'opérer sans nuire à l'édifice.*

[6] *Lettre* de M. Didron dans *l'Univers* de 1841, et la *Revue d'Architecture* de la même année, tom. II, p. 50.

[7] Dorbray, dit-on, n'a rien fait que ces deux pavillons ; il faut les conserver comme spécimen de son talent. C'est un assez pauvre argument.

Je trouve dans un journal spécial (*Revue d'Architecture*, 1841, pag. 316) une réclama-

ques personnes plus calmes dans leur admiration, plus humaines surtout dans leurs préocupations, pensèrent cependant à protéger les passans; mais, pour conserver dans son intégrité un monument qui n'est pas irréprochable, elles proposèrent de détruire la ligne admirable des quais, et le conseil des bâtimens civils eut le tort, le tort sérieux, de complaire à un plan aussi fâcheux[1].

Je ne vous occuperai pas de tous ces projets : ils étaient inapplicables, ils deviennent superflus par le percement de la grande rue projetée. En effet, sans troubler l'existence de la bibliothèque Mazarine, sans toucher aux précieux pavillons, on peut procéder sans retard à l'exécution de la partie essentielle de mon projet.

Laissons donc de côté cette question des pavillons, toute secondaire; atta-

tion énergique dans un sens contraire; je la transcris : « Il est bien à regretter que l'administration des monumens publics ne se décide pas à la suppression si désirable des gros pavillons « carrés qui avancent sur le quai d'une manière fort nuisible à la circulation. Bien que ces « pavillons terminent les deux ailes du monument et jettent une certaine variété dans l'ensemble de la silhouette, il ne serait pourtant pas difficile de réaliser les mêmes effets sans « obstruer la voie publique d'une manière aussi fâcheuse. Aujourd'hui sans doute il n'y a d'opposans à la démolition des pavillons de l'Institut que les personnes qui les habitent, la plupart sans titres et sans droit aucun. Chaque fois que les organes de l'opinion publique font « entendre leur voix pour obtenir cette importante désobstruction du quai, toute la fourmilière des habitans de l'Institut se remue, fait des démarches auprès de l'administration, les « uns pour ne pas être dépossédés de leurs aises et d'un logement qui ne leur coûte rien, les « autres pour ne rien perdre de l'espace qu'ils occupent, en partageant avec les dépossédés. On « ne peut pas imaginer cependant les frais d'entretien que coûtent annuellement ces bâtimens, « et il serait à désirer que l'administration prît enfin en considération des vœux si fréquemment et si unanimement exprimés par le public. »

[1] Il s'agit d'un quai par encorbellement, disposition vicieuse qui tient de l'échafaudage, et qui, ne pouvant jamais être monumentale, ne devrait pas être appliquée à notre belle ligne de quais.

Tout en s'associant à ce projet, tout en le couvrant de la grande responsabilité de l'empereur, M. Lebas, dans son Mémoire, fait assez bon marché de l'édifice. *Nous avons pu, pendant un temps, partager l'opinion de ceux qui désiraient la suppression des pavillons, parce que nous avons toujours regardé et que nous regarderions encore comme un bienfait le rélargissement de la voie publique sur ce point; nous pouvons même avouer, d'après notre sentiment particulier, que, sous le rapport de l'art, on n'aurait pas trop lieu d'être affligé de cette suppression.*

M. Le Cœur, architecte, a proposé en 1841, dans la *Revue d'Architecture*, de percer une arcade dans la hauteur des deux ordres en face de la rue de Seine. Ce serait détruire les dispositions architectoniques de l'édifice, sans utilité, car les voitures qui descendent la rue de Seine se dirigent vers le pont du Carrousel, et celles qui viennent du Pont-Neuf suivent les quais.

Il a proposé en outre d'évider tous les piliers des pavillons pour donner passage à des voitures, c'est-à-dire d'affaiblir un bâtiment déjà vieux et détraqué, pour le soumettre deux cents fois par heure à l'ébranlement causé par le passage des voitures.

Il a enfin accepté, ce qui avait été proposé avant lui pour élargir le quai, une galerie voûtée. Cette disposition aurait le tort de gêner la navigation, et, dans un endroit où la ligne des quais fait déjà un coude, de former un ventre d'autant plus disgracieux, qu'il se présente dans l'espace le plus monumental.

chons-nous à la partie importante du projet, à la partie dont l'exécution peut être immédiatement prononcée, et remédier à tout le mal :

1. Le percement d'une rue;
2. La construction d'un pont;
3. Les développemens de l'Institut;
4. L'isolement de la Monnaie.

1°. Une large rue peut s'ouvrir entre le quai Conti et la rue de Seine, sans qu'il en coûte rien ni à la ville ni à l'État. L'industrie se chargera immédiatement de son exécution, moyennant un abandon de terrains en façade.

2°. Un pont peut être jeté sur la Seine entre la place Conti et la place de la colonnade du Louvre. L'industrie prendra encore cette partie du projet à sa charge.

3°. Au lieu de dépenser 350,000 francs pour étrangler la cour de l'Institut, déjà si étroite au moyen d'une galerie sans profondeur, on disposera, avec moins de dépense, pour la bibliothèque de l'Institut, toute l'aile méridionale des anciens bâtimens, en étendant ses dépendances sur la nouvelle rue, de manière à donner au présent tout ce qu'il demande, en réservant pour l'avenir l'espace qu'il réclamera. La salle de la bibliothèque actuelle sera disposée pour les séances ordinaires des cinq académies; elle offrira au public un espace double de celui qui lui était réservé dans l'autre salle.

4°. La Monnaie qui, pour satisfaire aux développemens que lui imposent la refonte des sous et la suppression de ses succursales, doit agrandir ses ateliers, peut s'étendre sur tout le carré de la rue Guénégaud prolongée, en s'isolant entièrement, condition précieuse, et tellement indispensable pour cette administration, que l'État s'empressera de contribuer aux dépenses qui amèneront ce résultat.

De ce moment, le quartier est traversé par une large voie de circulation, il a un débouché qui débarrasse immédiatement les rues de Seine et Mazarine aussi bien que le quai, il a de l'air, il a de la vie.

Si plus tard l'expérience vient à prouver que le quai a besoin de plus de largeur, l'Institut de nouveaux développemens, alors on examinera ce projet dans son ensemble; mais jusque-là, je crois être autorisé à le dire, nous nous contenterons de cette grande amélioration dont la ville peut nous doter à si peu de frais.

Toutefois, puisqu'il s'agit de porter la main sur un monument, de toucher à une ancienne fondation, et de troubler des habitudes, peut-être même des droits, j'ai à cœur qu'on ne se méprenne pas sur mes intentions. Qu'il me soit donc permis d'expliquer quel est mon projet envisagé dans son ensemble, et d'en faire ressortir les avantages particuliers, aussi bien que la facilité d'exécution[1].

[1] Je renvoie, pour les détails d'architecture et l'explication des emménagemens intérieurs, aux beaux dessins que M. Magne a mis à l'exposition du Louvre, n° 2031, et à la publication détaillée que j'en ferai, en y apportant les modifications que je juge indispensables.

ENSEMBLE DU PROJET.

Il y a trois parties distinctes dans ce projet : c'est 1° le percement de plusieurs rues et la construction d'un pont; 2° les développemens nécessaires d'une utile et célèbre institution; 3° une église à rendre au culte et une bibliothèque aux besoins des lecteurs de la capitale.

PERCEMENT D'UNE RUE EN DROITE LIGNE DE LA HALLE AU BLÉ A LA PLACE SAINT-SULPICE, TRAVERSANT LA SEINE SUR UN NOUVEAU PONT, ET LE QUARTIER DES BEAUX-ARTS ENTRE LA MONNAIE ET L'INSTITUT.

J'ai dit que notre quartier n'avait pas d'air, que l'activité et la vie lui manquent. Le fait n'est pas difficile à prouver. La moitié de la rive gauche de la Seine communique avec l'autre par le Pont-Neuf, et, pour trouver cette issue, elle s'écarte de notre quartier, long canal étroit et mal dirigé, d'où l'on ne sait comment sortir quand on y est engagé.

Pour faire écouler ce trop plein qui encombre la rue Dauphine et vient s'engouffrer dans l'extrémité de la rue de Seine, il faut lui donner une issue; rien n'est plus facile que de la pratiquer entre deux monumens qui semblent, par un instinct de prévision inconnu, avoir été construits à quelque distance pour satisfaire à ce besoin de l'avenir.

La nouvelle rue projetée partirait de la place Saint-Sulpice, dans l'axe de la façade du séminaire, et dégagerait en premier lieu le grand marché Saint-Germain et l'étroite rue du Four. On peut, il est vrai, trouver des inconvéniens à la prendre d'aussi loin : elle pourrait alors commencer au carrefour Sainte-Marguerite ou de l'Abbaye, triste point de départ si l'on s'abandonne à ses souvenirs, mais début excellent si l'on examine ce cloaque, si l'on songe que la nouvelle rue tirerait les habitans de cette cave aux issues douteuses pour les amener au grand jour par une voie véritablement triomphale.

De chaque côté des nouveaux alignemens, l'industrie trouvera avantage, même sans indemnité, à jeter sur cette large voie active toute la richesse de son luxe; et tout d'abord c'est la place de la prison de l'Abbaye qui s'agrandit, se régularise, la rue de l'Échaudé, anciennement appelée ainsi de la longue paume, misérable ruelle aujourd'hui[1], s'élargit d'un côté au moyen de nouvelles maisons, et de l'autre en donnant jour à l'ancien palais abbatial de Saint-Germain-des-Prés. La rue du Colombier, qui déverse ses passans et ses voi-

[1] Les bâtimens et dépendances de l'abbaye de Saint-Germain-des-Prés occupaient autrefois

sur le quai et la nouvelle rue

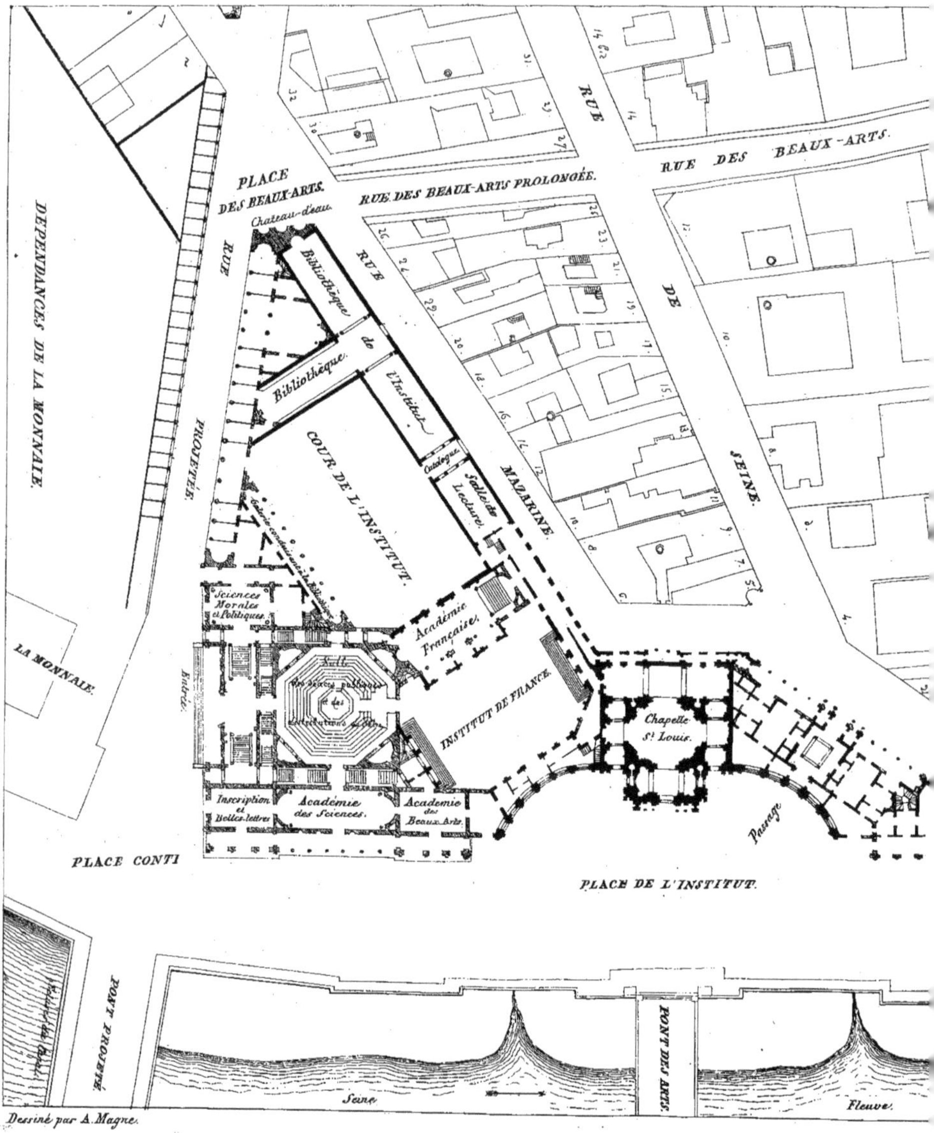

PLACE DES BEAUX-ARTS.

Chateau-d'eau.

RUE DES BEAUX-ARTS PROLONGÉE.

RUE DES BEAUX-ARTS.

RUE DE SEINE.

RUE MAZARINE.

RUE PROJETÉE.

DÉPENDANCES DE LA MONNAIE.

LA MONNAIE.

Bibliothèque de l'Institut.

Bibliothèque.

Catalogue.

Salle de Lecture.

COUR DE L'INSTITUT.

Galerie communiquant à la Bibliothèque.

Sciences Morales et Politiques.

Académie Française.

Salle des séances publiques et des distributions de Prix.

Entrée.

INSTITUT DE FRANCE.

Chapelle St Louis.

Inscription et Belles-lettres.

Académie des Sciences.

Académie des Beaux-Arts.

Passage.

PLACE CONTI

PLACE DE L'INSTITUT.

PONT PROJETÉ.

PONT DES ARTS.

Seine.

Fleuve.

Dessiné par A. Magne.

ECHELLE DE 100 MÈTRES.

tures sur le Pont-Neuf et la rue Dauphine, en rejette dorénavant la presque totalité dans la nouvelle rue qui, après avoir donné du jour aux rues de Nevers et Guénégaud, s'élargira au carrefour des rues de Seine et des Beaux-Arts.

De ce point se déroule un beau panorama : c'est d'un côté l'École des Beaux-Arts, de l'autre la Monnaie et l'Institut en perspective; dans le fond la Halle au Blé, le Louvre, Saint-Germain-l'Auxerrois. Ici près un monument, là un château d'eau; c'est véritablement la *place des Beaux-Arts*, animée par l'active circulation des artistes, des hommes de lettres et des étudians.

En continuant à descendre vers la Seine, nous passons entre deux galeries de boutiques élégantes, entre la Monnaie qui renaît par son isolement, et le nouveau portail de l'Institut qui voit passer les illustrations du jour; nous arrivons sur la place et le quai Conti, sans nous apercevoir que nous avons monté la pente du nouveau pont qui s'ouvre sur la Seine triomphalement orné de statues. Grande allée d'une magnificence convenable entre les beaux monumens qu'il unit, l'Institut et la Monnaie, le Louvre et Saint-Germain-l'Auxerrois, et dans la perspective brumeuse du prolongement de la nouvelle rue, la Halle au Blé et les tours Saint-Sulpice.

Sur la rive droite de la Seine, la place du Louvre élargie, l'antique église de Saint-Germain-l'Auxerrois dégagée, une rue nouvelle s'ouvrira pour donner une issue à la rue Saint-Honoré et du jour à la rotonde de la Halle au Blé.

Et voyez comme immédiatement cette saignée produit un effet bienfaisant; comme ce grand corps qui étouffait, respire à l'instant! L'amélioration est si réelle, que toutes les parties de la ville s'en ressentent. D'abord, ce sont les grosses artères qui répartissent dans une plus juste proportion leur séve circulante. D'un côté, les faubourgs Montmartre et Poissonnière tout entiers ne viennent plus s'engouffrer dans l'entonnoir étroit que Saint-Eustache forme et produira toujours à l'extrémité de la rue Montmartre, même après le percement de la rue Rambuteau[1]; de l'autre, l'active population qui s'agite autour de la Grande-Poste, de la place des Victoires, du Palais-Royal, de la Halle, au lieu de venir se presser sous le guichet du Louvre pour passer le pont du Carrousel, ou de faire un long détour pour se rencontrer sur le Pont-Neuf avec la foule que la rue des Prouvaires y apporte, viendra s'écouler paisiblement par la grande place de la colonnade du Louvre. Regardons un moment, sur la rive gauche de la Seine, quel cou-

tout l'espace compris entre les rues Sainte-Marguerite, Saint-Benoît, du Colombier et de l'Échaudé. Cette dernière rue n'était, pour ainsi dire, qu'un chemin de ronde, une ruelle d'isolement.

[1] L'administration de la ville ne se préoccupe pas assez du plan général de Paris. Elle semble oublier que les rues perpendiculaires à la Seine manquent presque entièrement, tandis que les rues parallèles abondent. Les unes, comme les rues Montmartre, Saint-Denis, Saint-Martin, Saint-Jacques et du Bac, sont étroites et tortueuses; les autres sont larges, alignées, et à leur grand nombre viennent se joindre en auxiliaires les boulevards et les quais. La rue Rambuteau est une rue parallèle; quelle que soit son utilité, elle devait suivre plutôt que précéder tant d'autres percemens perpendiculaires plus urgens.

rant la population suit aujourd'hui, et nous voyons ses grandes rues, qui toutes s'étendent parallèlement au fleuve, converger vers le carrefour de Bussy. Ce sont les rues Vaugirard, Cherche-Midi, de Sèvres, de Babylone, Saint-Dominique, de Grenelle, de l'Université, qui, après s'être débarrassées de quelques parcelles de leurs charges par les rues du Bac et des Saints-Pères, l'apportent bruyamment dans les abords du Pont-Neuf, et qui, si la nouvelle rue était percée, diviseraient au moins également cette décharge encombrante.

Je ne puis énumérer tous les avantages de cette combinaison, qui seront plus évidens encore si l'on a bien présent à l'esprit que le Pont-Neuf est encombré et le sera toujours davantage; que le pont des Arts n'est qu'une passerelle, et que le pont du Carrousel, par sa mauvaise position, n'est guère d'un plus grand secours. Je ne parlerai pas de l'utilité des nouveaux débouchés sous le rapport stratégique; la simple vue du plan de Paris convaincra les moins exercés dans ce genre d'appréciation, que ce n'est pas seulement une de ces voies qui rentrent dans l'ensemble d'un travail général sur l'alignement de Paris, mais une voie indispensable, urgente, et qui doit devancer toutes les autres. Plus tard on suivra les projets si bien étudiés de M. Grillon, le projet si sage de M. Gatteaux, qui tous deux, comme membres de la commission chargée d'étudier les causes du déplacement de la population, se sont préoccupés surtout d'embellir et de rendre agréables les quartiers à l'est de Paris; mais, avant tout, c'est le centre qu'il faut débarrasser, car là se porte, avec toute l'activité, tout l'encombrement.

Voilà donc ce que ce projet donne à la circulation de la ville entière, à la sûreté de toute la population; est-il besoin, à côté de si grands intérêts, de parler des avantages que notre quartier en retirera? Une administration doit être heureuse de trouver dans la satisfaction des besoins généraux la satisfaction des intérêts particuliers.

Les moyens d'exécution sont faciles : un léger sacrifice d'abord, et puis de la patience. Une ville a cela d'admirable, c'est que, ne mourant pas, elle peut attendre. Une sage administration ne demande au présent que l'urgent, elle confie au temps le nécessaire, aux caprices de l'industrie le superflu; mais c'est le temps, ce grand et infatigable ouvrier, qui, sans prendre connaissance des projets et des plans, aligne les rues en faisant crouler les maisons, fait des places et des quartiers neufs avec des ruines; c'est lui qui travaille incessamment et pour les générations à venir.

L'administration, après avoir étudié ce projet, arrêtera le plan d'alignement [1]; elle trouvera dans l'industrie des offres suffisantes pour ouvrir la rue

[1] Le système des alignemens aurait eu dans Paris des résultats admirables, si son application avait été faite depuis deux siècles; mais c'est une mesure de date récente et qui n'a pas toujours offert les garanties désirables. Patte l'architecte écrivait en 1780 : *Depuis environ cinquante ans, près de la moitié de Paris a été rebâtie, sans qu'il soit venu dans la pensée de l'assujettir à aucun plan général et sans avoir encore cherché à changer les mauvaises distributions de ses rues* (page 213).

entre l'Institut et la Monnaie, depuis le quai jusqu'à la place que j'appelle des Beaux-Arts, si on lui abandonne les deux façades avec quelques mètres de profondeur. Entre la place des Beaux-Arts et la rue de Seine, le percement se fera également par l'industrie; c'est encore elle qui ouvrira le passage du Pont-Neuf pour former la continuation des rues de Nevers et Guénégaud. Cette dernière amélioration avait déjà été projetée, et se trouve indiquée sur d'anciens plans de Paris de 1699; mais il était bien naturel que ni la ville ni l'industrie n'eussent pratiqué cette ouverture, qui ne donnait pas alors de débouchés à ces rues; c'est le percement d'une voie entre la Monnaie et l'Institut, vers la rive droite de la Seine, qui, comme un coup de baguette, fera produire à l'industrie des merveilles.

De la rue de Seine à la place Sainte-Marguerite, devant la prison de l'Abbaye, une rue existe déjà dans la direction exacte que nous projetons; seulement elle est étroite, mal bâtie, immonde. N'étant dans l'origine qu'une ruelle le long des bâtimens de l'Abbaye, la rue de l'Échaudé est bordée de maisons sans valeur; la plus-value des façades sur le nouvel alignement, l'intelligent emploi de la loi d'expropriation pour cause d'utilité publique, et le temps surtout, rendront l'élargissement de cette rue aussi facile que peu coûteux.

De l'autre côté de la Seine, sur la rive droite, l'alignement de la place du Louvre, le prolongement de la rue de Rivoli, feront la moitié de la besogne; et la ville, venant en aide à l'industrie pour une faible somme, on dégagera les abords de la Halle au Blé, et l'on donnera un large débouché à l'encombrement habituel des rues J.-J. Rousseau, Grenelle et Saint-Honoré.

Entre ces deux tronçons de rues s'étend le nouveau pont. Vingt compagnies plutôt qu'une se présenteront pour le construire en fer ou en pierre, comme on voudra, et avec une concession de courte durée; mais, à mon avis, il y a inconvénient, injustice, à grever la population d'un nouveau péage; c'est l'État, réuni à la ville, qui nous doit cette communication entre les deux rives.

La question des ponts dans la ville de Paris n'a point été étudiée; c'est par forme de conversation que le conseil municipal a touché quelquefois à cet intérêt qu'il a laissé fausser; et cependant ne devons-nous pas nous demander si, de même que l'administration reconnaît, dans un intérêt de police et d'industrie, l'obligation d'ouvrir les rues à la circulation, elle ne devait pas accepter la charge de les prolonger sur la rivière, de distance en distance, pour donner passage d'une rive à l'autre? Qu'a-t-elle fait, au contraire? Parce que, depuis cinquante ans, l'État a refusé, injustement sans doute[1], de con-

[1] L'État prélève sur la navigation des droits énormes, et ne fait rien pour l'entretien de la rivière et de ses rives. Depuis cinquante ans, depuis la construction du pont Louis XVI, en 1794-9, l'État a jeté en France plus de deux cents ponts; il n'en a construit à Paris qu'un seul, le pont d'Iéna, et l'administration a autorisé les ponts à péage de Grenelle, des Invalides, du Carrousel, des Arts, d'Arcole, de Louis-Philippe, de l'Archevêché, de Constantine, du Jardin des Plantes, de Bercy, etc. Les départemens se plaindront-ils des préférences dont Paris est l'objet?

courir dans ces dépenses pour la part qui lui revient, elle a permis à des compagnies de s'emparer de ces prolongemens de rues, et, dans cet espace si actif, entre le Pont-Neuf et le Pont-Royal, d'arrêter les passans au passage, et de causer un ennui journalier à ceux qu'elles ne grèvent pas d'une lourde dépense [1]. C'est un tort d'autant plus grave, qu'il est plus onéreux aujourd'hui qu'on cherche à réparer cette faute. Pour ne citer qu'un exemple, le pont du Carrousel a coûté 600,000 fr., et il faudrait aujourd'hui un million pour le racheter.

L'expérience du dernier siècle aurait dû nous servir; ce n'était pas le péage qui gênait sur les ponts, c'étaient les maisons et les boutiques qui les encombraient : on évalua à quatre millions les indemnités qu'il fallait payer pour racheter des servitudes qu'on s'était laissé imposer.

Confions-nous dans la sagesse du conseil municipal; une commission sera nommée pour s'occuper de ce grave intérêt; qu'elle songe qu'à une époque de grande activité comme la nôtre, où le temps est si précieux, où les charges sont si lourdes, c'est une malédiction qui dix mille fois par jour tombe sur l'administration. L'État se refuse à construire des ponts, l'État a tort : mais ce n'est pas une mère qui rejette sur une autre le soin de ses enfans; la ville de Paris mettra un terme à cet état de choses en construisant entre le Louvre et la Monnaie un pont monumental.

Que ce soit l'État, la ville ou l'industrie qui entreprenne ce nouveau pont, on ne pourra objecter qu'il se trouve trop près du Pont-des-Arts, qui n'est qu'une passerelle à l'usage des piétons, et qui même, fût-il un pont, ne saurait jamais, par sa position entre deux façades, réunir les mêmes avantages. On ne dira pas non plus qu'il est trop près du Pont-Neuf, car la pente rapide qui mène à celui-ci, et qui y mènera toujours, même lorsqu'on l'aura amélioré (c'est-à-dire affaibli), fera préférer celui-ci; et d'ailleurs le but, en le construisant, est d'attirer ici le trop plein qui là fait encombrement. Enfin, si l'on jette un coup d'œil sur le plan de Paris, on verra qu'il est plus éloigné de ses deux voisins que le pont Notre-Dame ne l'est du Pont-au-Change et du pont d'Arcole, qu'il est moins rapproché des autres que tous les ponts du petit bras de la Seine entre eux.

Mais on dira : A ce confluent des eaux et des débâcles, vous obstruez la

[1] Je dis lourde dépense. Il n'y a que ceux qui n'ont pas étudié les charges qu'on fait peser sur le peuple qui hausseront les épaules en entendant appeler *lourde* la dépense d'un sou. Deux sous par jour, c'est 36 fr. par an. C'est la somme qui manque quelquefois pour payer les loyers et vêtir l'enfant. Un bon ouvrier, protestant de religion, et qui a quatre petits garçons, écrivait dernièrement à son protecteur, qui avait remarqué que ses enfans n'allaient pas à l'école protestante : « Monsieur, pour envoyer mes enfans à l'école *gratuite*, il faut ou que je paye 8 sous par jour pour le passage du pont d'Austerlitz, ou que je fasse faire à mes pauvres petits une lieue pour aller et autant pour revenir. » Et devant de pareils faits, on nous dit sérieusement : La ville de Paris a des charges, et, lorsqu'elle peut les alléger par des concessions et des péages, elle administre bien. Moi je dis que c'est là mal administrer.

navigation. C'est une erreur; et ce pont, au contraire, viendra en aide, d'un côté aux beaux travaux de canalisation du petit bras de la Seine, projeté par le conseil municipal [1], et de l'autre il protégera les ponts des Arts et du Carrousel contre la débâcle, dont il supportera sans inconvéniens les premiers et les plus violens efforts.

DÉVELOPPEMENS DE L'INSTITUT.

C'est toujours une affaire délicate que de toucher à un monument; c'est une chose grave, une chose qui n'est plus de notre temps, que de proposer une destruction. L'histoire de nos révolutions, l'étude des dégradations que les injures des partis, aussi bien que celles du temps, ont fait subir à nos monumens, nous imposent la mission de réparer incessamment, de consolider par tous les moyens, et de restaurer scrupuleusement chaque ruine dans le style de son époque : telle est la tâche, telle doit être notre ambition. Mais si toute considération doit s'abaisser devant un certain ordre de beautés architecturales, ou devant telle fondation qui, par son intimité avec le fondateur ou la rencontre de certains événemens, s'est pour ainsi dire personnifiée avec eux, le collége des Quatre-Nations et sa bibliothèque, aujourd'hui l'Institut et la bibliothèque Mazarine, n'ont que de faibles titres pour être rangés dans cette catégorie presque sacrée.

Le cardinal Mazarin, fondateur de cet édifice, n'a point habité ce lieu; il n'a pas même vu s'élever son dôme, ses pavillons ou ses murs; il y a plus, il n'a pas eu connaissance de son plan, et il est étranger à toutes ses dispositions : c'est par son testament seulement, qui contient cette fondation, et par le nom de *Mazarini* qu'il lui donna, qu'on peut rattacher à ce monument les souvenirs du cardinal-ministre.

Ce scrupule levé, examinons si le monument doit être respecté à cause de ses beautés. Ici la réponse est de sa nature complexe : *oui*, il doit être respecté dans son plan général; *non*, il n'y a pas nécessité de le respecter dans sa destination ou ses dispositions intérieures. Le plan que j'ai combiné avec M. Magne prouve qu'il est possible de conserver au monument toutes ses beautés, en les faisant ressortir encore davantage par l'ensemble des développemens qu'on y apporte. Qu'on ne se fasse pas illusion : les dessins de Leveau n'ont pas été respectés par Dorbay, qui a ajouté de sa façon les deux massifs pavillons; les dispositions de Dorbay n'ont point été respectées, car on a détruit le mur de soutenement qui formait sur le quai comme la base de l'édifice qu'il élevait en le dégageant, tandis que, par la construction du pont et le remblai nécessaire à l'élévation du tablier, on a enfoui tout l'édifice,

[1] On appuierait la jetée et les écluses sur les piles du nouveau pont.

et rendu plus choquante la disposition générale qui est trop basse; en outre, on a percé des arcades qui étaient fermées et destinées à des boutiques, en donnant aux unes une forme carrée, aux autres une forme cintrée. On n'a pas respecté davantage la destination, puisque le collége a disparu, et qu'on a transformé l'église en salle publique des séances, qu'on a contrarié les lignes architecturales, et mutilé brutalement la voûte dans tout ce qu'elle avait de beau en hardiesse et en élévation.

On conviendra que ce rigorisme de préservation scrupuleuse et de respect religieux est peu à sa place, appliqué à la conservation de tout le détail d'un monument de cette époque, de ce caractère et de ce peu d'unité.

Nous avons déjà dit que l'architecte Leveau ne s'était pas préoccupé de tout un quartier qu'il étouffait, de tout un quai qu'il obstruait, et que le peu d'activité qui régnait alors dans la ville (1662) excusait ce tort qui est devenu si grave. Ce fut cependant, déjà du vivant de Leveau et dans des conditions de circulation si peu exigeantes, un défaut qu'on critiqua vivement, et auquel, dans l'impossibilité de l'excuser, on chercha les explications les plus singulières. N'alla-t-on pas jusqu'à répandre que c'était une malice, une niche que Leveau ou Dorbay aurait jouée aux Conti[1], en interceptant ainsi la vue de leur hôtel, sans songer, comme en toutes choses, à la vraie raison, à la cause naturelle : Leveau n'avait pensé qu'au Louvre et au Grand-Roi qui le regardait faire; à côté d'une si grande préoccupation, qu'étaient alors les intérêts d'un quartier, les nécessités d'un quai?

Quoi qu'il en soit, l'inconvénient du rétrécissement du quai se fit sentir tous les jours davantage. M. de Montalivet, ministre de l'intérieur sous Napoléon, prit un arrêté (en date du 13 février 1810) par lequel il ordonnait que les pavillons seraient diminués en largeur de toute l'épaisseur d'une arcade, et que les deux autres seraient livrés à la circulation des piétons. On ne donna pas suite à cet ordre qui était inexécutable; en effet, c'eût été dépenser, pour un faible avantage, autant qu'eût exigé la construction nouvelle des pavillons sur un plan plus reculé.

Quand, après la révolution de 1830, l'organisation municipale eut donné plus d'activité aux améliorations, le conseil de la ville se préoccupa d'un intérêt aussi grave, et eut le tort, au lieu d'étudier l'ensemble de nos besoins, de se contenter de faire revivre l'arrêté de M. de Montalivet, en demandant son exécution. Deux fois la délibération fut prise, deux fois le ministre des travaux publics donna un avis défavorable. Le ministre et le conseil des bâtimens civils reconnaissaient cependant l'inconvénient; ils étaient même si fortement pénétrés de sa gravité, que, pour y remédier, ils proposèrent deux moyens qu'il est impossible d'approuver dans leur esprit et qui sont inexécutables dans leur plan. Il faut, pour expliquer cette fâcheuse proposition, supposer

[1] D'autres attribuèrent au cardinal lui-même cette mesquine pensée. On sait que Mazarin était mort avant même qu'on eût fait choix de cet emplacement pour asseoir les bâtimens de son collége.

que le conseil s'est préoccupé outre mesure de la nécessité de conserver les pavillons de l'Institut, puisqu'il leur sacrifie ou la ligne monumentale des quais, ou la sécurité de la navigation.

En effet, il propose d'élargir le quai, c'est-à-dire de le faire avancer dans la rivière, là où justement il fait déjà un coude irrégulier, et de l'élargir au moyen d'arcades avancées sur la grève, ou bien au moyen d'un quai construit en encorbellement, c'est-à-dire d'interrompre la ligne des quais par une déviation, ou de la surmonter d'une construction qui ne peut être monumentale [1].

Je n'ai jamais cru qu'il y eût avantage à faire disparaître de ce monument les deux pavillons qui lui servent de contrefort, car j'ai toujours pensé que ce serait détruire l'équilibre du plan, et donner à la partie centrale une importance tellement dominante, qu'elle serait disproportionnée; d'ailleurs j'espère encore que l'ouverture de la nouvelle rue et du pont déviera assez fortement le passage des voitures, pour qu'on laisse le monument intact; mais si l'obstruction du quai continuait à se présenter comme un inconvénient, j'ai pensé qu'en abattant les pavillons et en les reconstruisant avec une même épaisseur à 00 mètres plus en arrière [2], on donnerait au quai cette addition de largeur pour la circulation,

[1] Voici le projet de M. Lebas :

« Le moyen qui nous semble le plus rationel, en ce qu'il réunit toutes les conditions désirables, sans offrir aucun des inconvéniens des deux autres, consisterait dans l'élargissement du quai au droit des pavillons, sans rien détruire, et en procurant, non seulement au quai, mais encore aux voies publiques qui environnent le palais de l'Institut, les dimensions et les débouchés les plus convenables.

« Il s'agirait, pour obtenir ces avantages sans préjudicier à l'édifice,

« 1° D'établir le mur du quai de la Monnaie dans une direction parallèle à cet édifice à partir de la descente à la rivière placée en face de la porte principale, jusqu'à la ligne prolongée de la façade du pavillon de l'est du palais de l'Institut donnant sur la place Conti; et du point de rencontre de ces deux lignes, de continuer le mur du quai parallèlement à la face principale du palais de l'Institut dans toute la largeur de cet édifice, pour ensuite, par un angle formé en avant du pavillon de l'ouest, faire joindre le parapet à celui existant à l'entrée de la descente au port du quai Malaquais;

« 2° D'acheter quelques mauvaises barraques inoccupées ou très-mal habitées, et par conséquent de peu de valeur, situées entre les extrémités des rues de Seine et Mazarine, et sur le sol de ces masures, de donner à cette partie de la rue Mazarine une nouvelle direction, au moyen de laquelle elle viendrait se joindre à la rue de Seine pour déboucher ensuite l'une et l'autre directement sur le quai Malaquais. »

Par ce projet, on n'altérerait pas l'édifice, on obtiendrait sur le quai, au droit des pavillons conservés, une voie de 20 mètres de largeur, non compris les portiques, et de 25 mètres 20 c. (77 pieds) en les comprenant, et cela au moyen d'une avance de 10 mètres, non sur le cours de la rivière, mais sur la berge qui, en cet endroit, n'est jamais couverte par les eaux, même lorsqu'elles sont très-fortes. Le quai de la Monnaie, qui est irrégulier et se retrécit sensiblement en se rapprochant du pavillon de l'est, serait régularisé et rendu parallèle à l'édifice auquel il fait face; les rues de Seine et Mazarine déboucheraient directement sur le quai Malaquais, et l'on verrait disparaître ces ignobles et dangereux coudes qu'elles forment; en un mot, toutes les conditions seraient remplies sans avoir à regretter aucun sacrifice.

[2] Cette reconstruction ne sera pas plus coûteuse que le retranchement d'une arcade, qui en-

et l'on conserverait au dessin de la façade, vu de la rive opposée, les mêmes lignes, une disposition de masses et un ensemble de proportions entièrement pareil.

Ce déplacement extérieur produirait à l'intérieur un tel changement, que de ce moment on devrait chercher pour la bibliothèque Mazarine un autre local mieux approprié à sa destination, et surtout assez vaste pour admettre dans l'avenir de nouveaux développemens. Nous parlerons de cette translation; occupons-nous ici des besoins de l'Académie, qu'il est possible de satisfaire aussi grandement, aussi magnifiquement que cette noble institution l'exige.

Née dans le petit salon de Conrart, fondée par Richelieu, développée par Colbert, l'Académie est devenue dans une époque plus grave, au milieu d'un monde littéraire, sinon plus profond, au moins plus étendu, une institution aussi importante dans l'État qu'elle est grande dans le monde par son illustration.

Je n'ai point à énumérer ses services, il est inutile de citer les noms des hommes de toutes les classes qui, après avoir occupé tous les honneurs, briguent un de ses fauteuils comme dernière ambition, et je ne ferai pas non plus le tableau de cette foule jeune et studieuse qui se presse sur les bancs et écoute religieusement les lectures et les discussions des séances.

En 1806, Napoléon, qui se faisait gloire de protéger l'Institut, en lui accordant l'honneur de le compter au nombre de ses membres, Napoléon décida que l'ensemble des bâtimens du collége Mazarin seraient consacrés dorénavant à l'Institut, et la chapelle à ses séances publiques. C'était alors assez faire; depuis quarante ans, les besoins se sont accrus, il faut y pourvoir de nouveau. L'Institut a aujourd'hui cinq Académies;

Une bibliothèque publique [1];

Une administration et des archives;

Des commissions nombreuses;

Des expositions d'architecture et de peinture, des concours de musique;

Des séances générales et publiques.

Chaque année apporte à l'Académie de nouveaux devoirs, en élargissant le cadre de sa mission et ses attributions; et, sans pénétrer dans l'avenir, sans nous préoccuper de la nécessité de diviser peut-être une ou deux classes de

traine avec lui, dans un vieux bâtiment, le remaniement des planchers, de la toiture, des dispositions intérieures, etc. La suppression totale des pavillons, qu'on pourrait faire sans frais, puisqu'on trouverait dans la vente des matériaux un bénéfice suffisant pour couvrir les dépenses de tous les raccords, n'est cependant pas d'une réussite aussi facile ni aussi complète qu'on veut bien le croire. Du côté occidental, rien de mieux, cette démolition ouvre la rue de Seine et laisse un vide; mais à l'orient il restera derrière le pavillon abattu une masse de bâtimens (dont on ne propose pas, j'espère, la démolition, car ce serait vouloir chasser l'Institut du local qu'il occupe), masse énorme et sans contrepoids, qui ferait dans la vue de l'ensemble l'effet le plus fâcheux.

[1] Elle est quasi-publique, tant l'admission est facile, et grande l'obligeante libéralité de MM. les bibliothécaires.

l'Institut, de réserver l'espace convenable pour l'augmentation de la bibliothèque, pour l'accroissement des archives, pour le développement des travaux des commissions, je renverrai au plan, et l'on verra que je donne à chaque classe de l'Académie une salle pour ses séances, ses expositions, ses commissions ; à la bibliothèque un vaste local qui permettra aux lecteurs autorisés de suivre leurs travaux sans être confondus avec les membres de l'Institut ; à ceux-ci de pénétrer dans la bibliothèque, et de consulter les bibliothécaires et les catalogues sans se trouver en contact avec le public ; à tous enfin le moyen de communiquer entre eux sans se gêner.

Je réserve au personnel de l'administration, secrétaires perpétuels, bibliothécaires, etc., les logemens du pavillon occidental ; c'est à ses membres exclusivement, et en addition à leurs modestes appointemens, que seront donnés les appartemens occupés aujourd'hui, on ne sait à quels titres, par des peintres et des sculpteurs qui n'ont pas même leur pauvreté pour excuse de ce singulier envahissement.

Dans tout le rez-de-chaussée seront placés les archives, les dépôts de livres et manuscrits précieux empruntés aux autres bibliothèques, les collections littéraires en cours de publication, etc., etc., et les bureaux de l'administration proprement dits, qui, par l'accroissement de la correspondance et la multiplicité des envois, doit augmenter son personnel et son local.

Enfin j'ai disposé au centre des cinq Académies la salle qui doit servir à leurs séances générales et publiques. Vaste, sonore, vivement éclairée, elle aura, par une disposition particulière, l'avantage de ne point trahir, dans certaines solennités, un vide peu flatteur, et de suffire, dans d'autres, à la curiosité la plus empressée. Ce peu de mots disent assez que la salle actuelle des séances sera abandonnée ; et que peut-on faire de mieux, si ce n'est de la rendre au culte ?

D'UNE ÉGLISE A RENDRE AU CULTE ET D'UNE GRANDE BIBLIOTHÈQUE A DONNER AUX LECTEURS DE LA RIVE DROITE DE LA SEINE.

Quand on mettait les mairies dans les églises, on les profanait sans doute moins qu'en les transformant en écuries ou en temples de la Raison, mais enfin on les enlevait à leur destination ; et, sans aborder des idées d'un ordre plus élevé, on peut dire qu'en toute circonstance c'est une mauvaise chose.

La chapelle du collége des Quatre-Nations fut construite pour le culte, auquel elle a été consacrée sous l'invocation de saint Louis, et, malgré l'habileté de M. Vaudoyer, elle est restée chapelle, tout en servant de salle aux séances publiques de l'Institut.

Dès que cette destination ne sera plus indispensable, l'Institut, le ministre et l'administration sentiront ce qui leur reste à faire. « Rendre à César ce qui est à César et à Dieu ce qui est à Dieu », est une sainte parole qui, pour le bien de tous, reprend cours aujourd'hui. Les habitans du quartier recevront avec reconnaissance la nouvelle chapelle, qui leur évitera une longue course à travers leurs sales rues pour gagner Saint-Sulpice qui est bien loin, ou Saint-Germain-des-Prés qui est souvent trop plein. Des dispositions particulières donneront place à la sacristie, et une entrée par les rues de Seine et Mazarine.

On remplacera le pavillon chinois qui domine aujourd'hui le dôme par la lanterne élancée que Leveau et Dorbay avaient construite, et dont nous avons les dessins. On dégagera le dôme intérieur de la voûte intermédiaire dont on l'a encombré; enfin on rétablira sur la porte principale l'inscription, les emblèmes de la religion et le chapeau du cardinal qui rappellent la destination de l'édifice et le caractère du fondateur.

Nous arrivons, en dernier lieu, au déplacement de la bibliothèque Mazarine. Peu de mots suffiront pour expliquer, pour excuser cette proposition.

Nous avons écrit ailleurs l'histoire bien triste de cette belle collection de livres que le modèle des bibliothécaires, Gabriel Naudé, avait été chercher lui-même dans toute l'Europe, qu'il classa avec soin et défendit éloquemment lorsque, dans un de ces revers que Mazarin sut si bien réparer, sa bibliothèque servit pour solder la *mise à prix* de sa tête [1]. Il serait inutile de reproduire ces détails; ce qu'il importe ici de savoir, c'est que la fameuse bibliothèque Mazarine n'a existé que dans le palais Mazarin, rue Richelieu [2], et qu'elle était vendue, dispersée, saccagée depuis dix ans, lorsque le cardinal mourut; ce fut seulement vingt-cinq ans plus tard que la nouvelle collection de livres entra sur les rayons de la bibliothèque du collége des Quatre-Nations. Cependant le cardinal avait bien retrouvé, de 1653 à 1660, quelques uns des quarante mille volumes qui avaient été jetés au plus offrant pendant son exil. Il était bien parvenu à refaire une bibliothèque, mais sans direction, sans conseils [3]; ce fut un amas de livres; Naudé en avait fait un choix. Cette bibliothèque n'a donc d'intérêt, dans sa nouvelle composition [4], que par la bonne direction donnée depuis aux acquisitions par ses habiles administrateurs, mais elle est réellement étrangère aux souvenirs qui y restent attachés et au nom qu'on lui a conservé. Je conclus de ces considérations que la bibliothèque Mazarine doit être conservée dans son ensemble, qu'il serait fâcheux de la fondre dans une autre bibliothèque, mais que son déplacement n'a aucun inconvénient. Nous allons examiner quels avantages il offre aux habitans.

[1] La mise à prix de la tête du cardinal était de 150,000 livres à prendre sur le produit de la vente de la bibliothèque. Les quolibets du temps vengèrent Mazarin de ce vandalisme mis au service d'une brutalité.

[2] Occupé aujourd'hui par la Bibliothèque royale. C'est là qu'elle était publique dès 1642.

[3] Naudé était mort à Abbeville en 1653, à son retour de Suède.

[4] Le cardinal fait mention, dans son acte de fondation, de manuscrits grecs et latins.

Il y a des plans de Paris qui présentent uniquement les monumens avec la Seine et les principales rues de la ville ; on y voit, sur la rive gauche de la rivière, vingt-huit bibliothèques publiques ou appartenant à l'État, et une seule sur la rive droite [1]. Cette distribution singulière, cette disproportion d'avantages, n'est plus en rapport avec les mœurs et les habitudes du monde savant ou lettré. Le quartier latin, si l'on entend par-là les gens studieux qui font des recherches, et non pas les étudians, qui possèdent tous les livres qu'ils doivent lire, habite aujourd'hui tout autant sur la rive droite que sur la rive gauche. On reconnaîtra qu'il faut à ce déplacement d'habitudes un déplacement de ressources littéraires. Je voudrais que la ville choisît dans les nouveaux quartiers de la Chaussée-d'Antin un emplacement convenable pour y construire un bâtiment isolé, habilement disposé, et suffisamment vaste pour y recevoir la bibliothèque Mazarine. Cette collection formerait ainsi le riche noyau d'une bibliothèque où l'histoire, dans toutes ses parties, devra dominer.

[1] Il y a de fait trois bibliothèques sur la rive droite, mais la Bibliothèque Royale est réellement la seule qui puisse être considérée comme une ressource pour les habitans de ce côté de la Seine; la bibliothèque de l'Hôtel-de-Ville et la bibliothèque de l'Arsenal ont pour habitués les habitans de la rive gauche.

RÉSUMÉ.

Je crois, Messieurs, que ce projet n'a pas seulement en sa faveur les avantages qu'il donne à la ville entière ; il a aussi pour garantie de succès l'à-propos, ce qui, dans notre pays de mobilité, n'est pas peu de chose ; il a de plus la justice, ce qui est beaucoup en tous pays.

En effet, pourquoi faut-il que notre quartier, qui est au centre de la capitale, qui touche par ses extrêmes limites à l'activité littéraire des uns, à l'activité commerciale et industrielle des autres, soit condamné à l'inactivité? Pourquoi faut-il que les propriétés situées justement dans les positions les plus favorables pour suivre, pour dépasser même le mouvement général de plus-value qui se fait sentir dans tout Paris, croupissent dans l'inertie stagnante qu'on impose à notre quartier? — Il n'y a là ni justice ni bonne administration.

Pour sortir de cette difficulté, pour concourir avec les autres quartiers de la ville à ces améliorations dont nous avons été privés, il nous suffit du percement d'une rue et de la construction d'un pont, et, sur ce point, pas d'objection. Si, pour abattre les deux pavillons, on nous oppose des raisons d'art et de conservation toujours respectables ; si, pour donner immédiatement aux Académies l'ensemble de développemens que l'avenir exigera pour cette grande institution, l'État nous parle d'économie, nous remettrons à un autre temps les plus belles parties de notre projet; mais de l'air, du jour, de la salubrité, à quel titre nous refuserait-on ces conditions d'existence, quand nous les réclamons pour le plus grand avantage de la ville entière ?

Le moment est venu de nous adresser au préfet de la Seine, et de solliciter de nos représentans à l'Hôtel-de-Ville l'attention la plus sérieuse sur la partie de ce projet, dont l'exécution immédiate peut être décidée. Il faut nous réunir, nous concerter, nous entendre[1]; j'ajouterai que cette occasion une fois négligée, elle ne se retrouvera plus. Le ministre des travaux publics demande au budget de cette année 350,000 fr. pour construire dans la cour de l'Institut une aile de bâtiment qui s'étendra sur une partie de la rue dont nous sollicitons l'ouverture, et le ministre des finances a compris dans les dépenses de refonte des monnaies un million de francs pour élever un bâtiment qui rejoindra celui de l'Institut. Ainsi donc, au mois de juin prochain, une barrière insurmontable s'élèvera, Paris aura perdu une de ses plus notables améliorations, et nous serons emprisonnés à perpétuité.

[1] Trois pétitions devraient être signées au plus tôt par tous les habitans du quartier.

L'une, adressée au ministre des travaux publics, demanderait que les 350,000 francs portés au budget fussent appliqués à l'emménagement du corps de bâtimens qui longe la rue Mazarine, pour y placer la bibliothèque de l'Institut et pour donner ouverture à la nouvelle rue.

La seconde attirerait l'attention de M. le ministre des finances sur la nécessité d'isoler la Monnaie, et solliciterait des modifications dans le plan de M. Destailleur, tendant à disposer les nouvelles constructions dans l'alignement de la nouvelle rue.

Le double de ces deux pétitions serait envoyé à la commission du budget et aux Chambres.

La troisième enfin, que les membres du conseil municipal nommés par le 10e arrondissement remettraient à M. le préfet de la Seine, aurait pour but de demander l'étude du nouveau projet, afin que le conseil municipal fût saisi de ce grand intérêt.

DU MÊME AUTEUR,

POUR PARAITRE INCESSAMMENT CHEZ LE MÊME LIBRAIRE.

QUARTIER SAINT-THOMAS-D'AQUIN.

LA RUE DU BAC.

Ce que devrait être une rue dans une ville comme Paris.

In-8° avec plusieurs Planches.

BIBLIOTHEQUE NATIONALE DE FRANCE
3 7531 00795238 6

www.ingramcontent.com/pod-product-compliance
Ingram Content Group UK Ltd.
Pitfield, Milton Keynes, MK11 3LW, UK
UKHW021123230726
13926UKWH00002B/622

9 782014 441901